VAUDEVILLES
DE LA
RESTAURATION
PAR
MM. Tardif et
Seconde édition

PARIS.

IMPRIMERIE D'A. LVLRAT ET C*ie*

16 rue du Cadran

1857

VAUDEVILLES

DE LA

RESTAURATION.

VAUDEVILLES

DE LA

RESTAURATION,

PAR

MM. TARDIF ET ***.

Seconde édition.

PARIS.

IMPRIMERIE D'EVRAT ET COMPᵉ.

16, RUE DU CADRAN.

—

1857.

LA
SAINT-LOUIS,

ou

LES DEUX DINERS,

VAUDEVILLE EN UN ACTE,

Représenté pour la première fois sur le théatre de Versailles, le 25 août 1820.

PERSONNAGES

VIEILLE-LAME, ancien soldat.

LA VALEUR, son fils, garde royal.

PAULINE, jeune paysanne.

M. PIF, sonneur, huissier, marchand de vin, maître d'école et bossu.

Soldats, Paysans, Paysannes.

LA SAINT-LOUIS.

Le théâtre represente une place de village; des arbres dans le fond, un bosquet et un banc de gazon, a la gauche du spectateur, d'un côte la maison de Vieille-Lame, de l'autre celle de Pauline.

SCÈNE Ire.

VIEILLE-LAME, PAULINE; paysans, paysannes, *ornant le bosquet de guirlandes. Le buste de Louis XVIII est au fond; au lever du rideau, Pauline pose une couronne sur sa tête.*

CHOEUR.

Air *du Deum.*

Allons amis, mettons-nous tous
A feter le roi, notre pere.

VIEILLE-LAME.

Maintenant, mes amis, allez à vos affaires.. mais réservez-vous pour ce soir... parce que... je ne dis qu'ça. (*Fausse sortie.*) Un instant, écoutez donc, c'est aujourd'hui, 25 août, qu'arrivent dans ce village La Valeur, mon fils, et ses braves camarades. Si nous les invitions au repas que nous devons donner sous ce feuillage?... hein! qu'en dites-vous ?

LE PAYSAN

Dame ! voyez-vous, papa Vieille-Lame, c'est que des militaires, c'est des soldats.

VIEILLE-LAME.

Eh bien, apres ?

LE PAYSAN.

Apres... apres... c'est dangereux pres du beau sexe, et puis, quand ils viennent chez nous... j'pouvons être bien surs que...

VIEILLE-LAME.

Air : *Dans ce castel,* etc.

Croyez-moi donc, du cœur du militaire,
Mes chers amis, ne doutez pas ainsi ;
Honorez tous son noble caractere,
A son honneur fiez-vous, aujourd'hui.
A vos egards un soldat peut pretendre.
Connaissez mieux, à la fin, nos guerriers :
Ils verseraient leur sang pour vous defendre,
Ne doivent-ils pas respecter vos foyers ?

LE PAYSAN.

C'est possible, papa Vieille-Lame, j' les aimons comm' tout... mais...

VIEILLE-LAME.

Mais... vous n'en voulez pas... Allons, n'en parlons plus.

LE PAYSAN.

C'est ça... n'en parlons plus... courons chercher les tables.

REPRISE DU CHŒUR :

Allons, amis, etc.

(*Ils sortent.*)

SCÈNE II.

VIEILLE-LAME, PAULINE.

VIEILLE-LAME.

Eh bien ! Pauline, qu'as-tu donc, ma chère enfant? pourquoi cet air triste?

PAULINE.

Dam, m'sieur Vieille-Lame... est-c' que ça s' demande ?

VIEILLE-LAME.

Je comprends... mon fils n'est pas arrivé.

PAULINE.

Air *du premier Prix.*

Vous le voyez, mon trouble extrême,

Est l'indice de mon bonheur;
Plaisir d'attendre ce qu'on aime
Est si doux pour un jeune cœur !

VIEILLE-LAME.

Parbleu, je le sais bien, peut-être;
Je n'ai pas non plus oublié
Qu'on a le temps de se connaître,
Lorsqu'une fois on est marié.

PAULINE.

Ah, mon Dieu ! j'aperçois ce vilain bossu !

VIEILLE-LAME.

M. Pif?

PAULINE.

Il vient, sans doute, m'étourdir encore de son amour... je me sauve. (*Elle sort.*)

SCÈNE III.

VIEILLE-LAME, M. PIF.

M. PIF.

Mais attendez donc, mam'selle Pauline, attendez donc... si vous vous sauvez toujours quand vous m'apercevez, il est impossible que vous me connaissiez jamais assez pour m'aimer.

VIEILLE-LAME.

Serviteur a notre sonneur, huissier, maître d'école et....

M. PIF.

Ah! ah! c'est vous, papa Vieille-Lame, je vous cherchais... Mais, pourquoi tous ces préparatifs que j'ai vus ?

VIEILLE-LAME.

Parbleu, c'est le repas que nos paysans font tous les ans, ensemble, le jour de la Saint-Louis

M. PIF, *a part.*

Un repas... fort bien... ils m'inviteront sans doute. (*Haut.*) Ces apprêts me mettent en gaîté... et, tenez, en l'honneur de la fête, il serait fort possible que je fisse porter sur la place une feuillette de mon petit vin blanc.

VILILLE-LAME.

Que vous ferez distribuer gratis?

M. PIF.

Moyennant cinquante centimes par bouteille, a cause de la circonstance; c'est tout ce que je prendrai.

VIEILLE-LAME.

Vous prendrez... Ah ça, mais vous ne parlez jamais que de prendre.

M. PIF.

Certes, je prends .. et en cela, je suis l'exemple géneral. Ça vaut mieux et c'est plus sûr.

Air *de la Tremz*

Dans le monde vraiment
De tous côtes on prend,
Et c'est assurement
Selon moi, fort prudent.

Le plus leger present,
Que l'on tient a present,
  Vaut bien autant
  Que tout l'argent
  Que l'on attend.
Ce riche qui s'abuse,
Ne voit pas qu'on l'amuse,
Quand, a force de ruse,
On le tient en suspens ;
Il a beau dire et faire,
Cet emploi qu'il espere,
A plus riche peut plaire,
On le met hors de rang.
  Il a rejete
  Par vanite
  Certaine place,
 Et dans sa disgrace,
  Il n'aura rien
  De son chagrin.
Moins ambitieux,
Ou plus heureux,
Ou bien plus leste,
Prudent et modeste,
  Un autre aura

Ce qu'il voudra.
Or, s'il est important
De prendre promptement,
Si le petit, le grand
Prennent egalement...
Toujours je prends, suivant
Ce precepte excellent.
En tenant,
On est bien plus sûr qu'en attendant.

Puisque nous en sommes là-dessus, je vous demanderai, mon cher Vieille-Lame, vu la rareté du numéraire, le paiement des cent écus de frais que j'ai faits contre vous, en qualité d'huissier de la commune, quand vous ne pouviez liquider la succession de feu madame votre mere.

VIEILLE-LAME, *effrayé*.

Cent écus !... mais ma pauvre mere n'en devait pas plus... et j'ai payé en vendant ma petite propriété.

M. PIF.

Fort bien; mais les assignations, les sommations et ma rétribution, se montent à cette somme... Ce sont les petits profits de la justice.

VIEILLE-LAME.

Au moins, vous m'accorderez quelque temps.

M. PIF.

C'est trop juste; je vous donnerai tout celui qu'on me donne à moi.

Air. *Du partage de la richesse.*

Mon ami, ma délicatesse
Ici ne peut se démentir.
S'il faut que le malheur vous presse,
Je ne veux pas vous en punir.
Oh! moi, d'abord je suis sensible,
Je connais surtout mon devoir...
Je donne tout le temps possible,
Il faudra me payer ce soir.

VIEILLE-LAME, *tristement.*

Je vais voir mes amis ; j'irai chez M. de Saint-Ange, mon ancien colonel, mon frère d'armes; s'il peut m'obliger, je réponds qu'il le fera.

M. PIF.

Je vous attends en cet endroit.

VIEILLE-LAME.

Air : *Mon cœur à l'espoir s'abandonne.*

Ah! monsieur, pour vous satisfaire,
Puissent mes efforts être heureux !
Puisse-je, comme je l'espère,
En vous payant, combler mes vœux !

M. PIF.

Je suis votre ami pour la vie ;
Oui, je vous aime, tout de bon.
(*A part.*)
S'il ne paie, ah ! je certifie
Qu'il ira coucher en prison.

Reprise ensemble.

M. PIF.

Ah! mon cher, pour me satisfaire,
Puissent vos efforts être heureux;
Puissiez-vous, comme je l'espère,
En me payant, combler mes vœux.

VIEILLE LAME.

Ah! monsieur, pour vous satisfaire, etc.

(*Il sort.*)

SCÈNE IV

M. PIF, *apercevant les paysans.*

Oh! oh! que de tables apportent nos bons paysans! montrons-leur de l'intérêt de la part d'un grand personnage, ça flatte toujours... Mes amis, prenez garde de vous blesser... allez doucement... M. le sous-préfet tient tant à ce que vous ne vous fassiez pas de mal.

SCÈNE V

M. PIF, PAYSANS *chargés de tables et de vaisselle; pendant la scene, ils mettent leur couvert sur le second plan à gauche.*

M. PIF.

Eh bien ! mes amis, vous allez joliment vous réjouir !

LE PAYSAN.

C'est vrai, monsieur Pif, j'allons danser.

M. PIF.

C'est-à-dire, vous allez dîner.

LE PAYSAN.

Ah ! j' dînerons ben tout d' même, un peu.

M. PIF.

Un peu! moi, je crois que vous dînerez beaucoup, et que vous boirez de même. (*A part.*) Faisons-nous inviter.. (*Haut.*) Avez-vous quelques notables du village à dîner?

LE PAYSAN.

h' ben oui... des notables... ils sont trop gros seigneurs pour nous.

M. PIF.

Et des négociants? (*A part.*) Je suis marchand de vin.

LE PAYSAN.

Ils nous vendent trop cher... ils ne sont pas nos amis.

M. PIF.

Mais à table, on le devient.

LE PAYSAN.

T'nez.. je n' voulons que des cultivateurs.

M. PIF, *à part.*

C'est malheureux... voila la seule chose que je ne sois pas dans ce village... Mais qu'entends-je?... Ah! ce sont les soldats que nous attendons. A leur tête est le beau La Valeur, mon rival... Parce qu'il est jeune, bien fait, aimable... il se croit charmant... c'est d'un ridicule!

SCÈNE VI.

Les Précédents, LA VALEUR, soldats *le sac sur le dos.*

CHŒUR.

Air *de la Treille de sincerite.*

Dans son cœur porter sa patrie,
C'est se montrer un bon soldat,

Et j'offre ma vie
A l'etat.

LA VALEUR.

Dans ce pays qui m'a vu naître
J'ai passé plus d'un heureux jour,
C'est la que j'appris à connaitre
La vertu, l'amitié, l'amour.
A mon devoir toujours fidèle,
Je vivais content au hameau,
Louis, ta noble voix m'appelle,
Je me range sous ton drapeau.

Dans son cœur, etc.

Quelque ennemi de notre gloire
Chez nous ose-t-il s'avancer,
Pour saisir encor la victoire
On nous verra tout renverser
Braver la mort la plus terrible
Pour le Français est un plaisir,
Et s'il fut toujours invincible,
C'est que toujours il sut mourir.

Dans son cœur, etc.

De la paix l'heureuse mollesse
Engourdit peut-être nos bras,
Mais que l'oriflamme paraisse,
Louis, alors, tu nous verras...
Tu nous verras sur la frontière,
Verser tout notre sang pour toi;
Heureux, si notre heure dernière
Sonne en défendant notre roi !

Dans son cœur, etc.

M. PIF.

Vous avez l'air bien gai, messieurs.

LA VALEUR.

Est-ce étonnant ? c'est au bonheur que nous devons notre gaîté.

M. PIF.

Tant mieux pour vous, mes amis, car vous en aurez besoin pour ne pas vous ennuyer dans ce pays.

22

LA VALEUR.

Laissez donc, monsieur Pif, vous ne connaissez pas tous les plaisirs d'un soldat en semestre .. écoutez

Air *de Saphira.*

Moments
Charmants!
Repos de gloire
Presente au soldat,
Apres maint combat,
Les plaisirs de son etat.
L'amant
Constant
De la victoire
Retient sa valeur,
Mais son noble cœur
Eprouve une tendre ardeur.
A chaque fille
Un peu gentille,
En joyeux drille,
On offre sa foi...

Toujours pres d'elle,
D'etre fidèle
A cette belle
On se fait la loi.
Jeune femme qu'un mari neglige
Dans nos rangs cherche un consolateur;
Il faut plaire, car l'amour l'exige
Chacun de nous s'offre pour vengeur.
Heureux,
Joyeux,
Tout nous invite
A faire en un jour
Regner tour à tour,
Le jeu, le vin et l'amour.
L'instant
Touchant
Ou l'on se quitte,
Attriste le cœur...
Un autre bonheur
Nous attend au champ d'honneur.

M. PIF, *bas.*

Tout cela est fort amusant pour les papas et les mamans.

LA VALEUR.

Eh ! que vois-je ! les apprêts d'un repas ! (*Aux paysans.*) Comment, mes amis, est-ce que vous nous feriez la galanterie de nous traiter, pour notre arrivée ?

LE PAYSAN.

Ah ! dam, m'sieur La Valeur, c'est qu'il n'y a pas de place, à notre table.

LA VALEUR.

Eh bien !.. vous en dresserez une autre.

LE PAYSAN.

Et pis, ma foi, tenez... c'est que vous êtes trop polis avec nos femmes.. et ma foi.. j'craignons que....

LA VALEUR.

Ah ! j'entends.. on ne veut pas de nous.. Corbleu, camarades, montrons-leur que nous n'avons pas besoin d'eux pour bien fêter le roi... d'notre côté, faisons mettre une table, ici, en face de la leur; nous avons reçu notre trimestre hier, ainsi...

(*Pendant le morceau de musique suivant, les soldats se retirent tous a gauche, et les paysans a droite, M. Pif est au milieu.*)

CHŒUR DE SOLDATS.

Air. *Il faut quitter Golconde.*

Puisqu' l'on craint notre présence,
Laissons-les... comme eux, je le pense,
On peut bien faire aussi bombance,
  Nous ferons
  Sauter les bouchons;
  Nous viderons
  Tous les flacons,
  Nous chanterons
  Et nous rirons.

LE PAYSAN.

Nous devons craindre leur présence ;
Ce n'est pas d'aujourd'hui, je pense,
Qu'on voit un soldat en bombance,
Qui faisant sauter les bouchons,
Et qui vidant tous les flacons,
En conte après a nos tendrons.

LA VALEUR.

Pour nous leur injustice est vaine,
Nous chanterons a perdre haleine.

LE PAYSAN.

Nous ferons de même sans peine,
Puis après avec nos tendrons,
  Sur les gazons
  Nous danserons.

LA VALEUR.

Et pendant ce temps nous boirons.

M. PIF, *a part.*

Voila deux repas ! ce sera bien le diable si je ne puis en attraper un.

LA VALEUR, *aux soldats.*

Mes amis, allez inviter nos camarades à notre dîner... moi, je reste ici pour embrasser mon père et ma Pauline.

REPRISE DU CHŒUR.

Puisque l'on craint, etc.

(Tout le monde sort, excepté M. Pif et La Valeur.)

SCÈNE VII.

M. PIF, LA VALEUR.

LA VALEUR.

Eh bien ! monsieur Pif, comptez-vous fêter aujourd'hui notre bon roi ?

M. PIF.

Certainement, monsieur La Valeur,

certainement ; et comme je disais à notre adjoint, qui m'avait invité à dîner le jour de la naissance de monseigneur le duc de Bordeaux, il n'y a rien de tel qu'un bon repas, pour célébrer joyeusement une fête.

LA VALEUR.

Vous êtes invité sans doute à celui que font aujourd'hui les habitants de ce village?

M. PIF.

Non, monsieur La Valeur, je suis libre, absolument libre.

LA VALEUR.

Vous n'êtes pas encore prié ! oh ! vous le serez, un jour comme celui-ci... par le maire, sans doute ?

M. PIF.

Il dîne chez le préfet.

LA VALEUR.

Par le curé?

M. PIF.

Il dîne chez monseigneur l'evêque.

LA VALEUR.

Eh bien! par le notaire?

M. PIF.

Il ne dîne pas, monsieur La Valeur.

LA VALEUR.

Comment! il ne dîne pas!

M. PIF.

Non, monsieur La Valeur; le petit docteur l'a mis à la diete, et il en avait bon besoin.. il est gourmand, notre notaire, vous n'en avez pas d'idée; on l'invite toujours aux repas des noces, il y dîne d'une maniere effrayante, et son indigestion actuelle est une suite des quatre derniers contrats de mariage.

LA VALEUR.

Enfin, monsieur Pif, si personne ne vous a invité pour aujourd'hui...

M. PIF.

Eh bien! monsieur La Valeur?

LA VALEUR.

Eh bien ! vous vous griserez tout seul en l'honneur de la fête de notre bon roi.

M. PIF, *à part*.

Morbleu! je crois qu'il se moque de moi.

LA VALEUR, *a part*.

On m'a dit qu'il aimait ma Pauline, rions un peu à ses dépens. (*Haut.*) Eh ! parbleu, monsieur Pif, dites-moi, vous qui avez de l'expérience, croyez-vous possible qu'un jeune homme de vingt-quatre ans, franc, bon militaire, aimant avec tout le feu de son âge, puisse être supplanté dans le cœur de sa maîtresse par un magot de soixante ans, laid, orgueilleux et bossu ?

M. PIF, *à part.*

Où veut-il en venir ?

LA VALEUR.

Ma question est fondée sur une lettre qu'on m'a remise dernierement, et dans laquelle on m'apprenait que ce personnage prétendait à la main de Pauline, une jeune fille de ce village, que j'aime et dont je suis aimé.. mais une bonne leçon...

M. PIF.

Donnez-la-moi donc cette leçon, car je suis ce magot.

LA VALEUR.

C'est vrai.

M. PIF.

Ce prétendant ridicule.

LA VALEUR.

C'est vrai.

M. PIF.

Ce bossu.

LA VALEUR.

Enchanté que cela soit allé à son adresse.

M. PIF.

Eh bien ! jeune homme imprudent, apprenez donc ce que je puis faire.

LA VALEUR.

Pas grand'chose.

M. PIF.

Frémissez de ma vengeance.

LA VALEUR.

Que voulez-vous dire ?

M. PIF.

Votre père me doit cent écus; s'il ne me paie ce soir, il se réveillera demain en prison.

LA VALEUR, *avec douleur*.

Malheureux que je suis !

M. PIF.

Un seul arrangement peut le sauver.

LA VALEUR.

Parlez, monsieur, je ferai tout pour cela.

M. PIF.

Il s'agit de Pauline.

LA VALEUR.

Je tremble.

M. PIF.

Cette jeune fille, insensible à ma puissance dans ce village, refuse de m'epouser... dites-lui que vous renoncez à elle... peut-être me prendra-t-elle par dépit.. et alors, je vous donnerai quittance des cent écus.

LA VALEUR.

Qu'osez-vous me proposer?

M. PIF.

Voilà tout ce que je puis faire pour vous; refléchissez; je vous laisse le temps d'y penser, et je reviendrai bientôt savoir ce que vous aurez résolu. (*Il sort en chantant.*)

SCÈNE VIII

LA VALEUR.

je ne puis revenir de ma surprise! insensé! qu'ai-je fait!

40

Air. *Faut l'oublier.*

Que decider? ô trouble extrême!
Vertu, je connais tous vos droits;
Mais en écoutant votre voix,
Je vais perdre celle que j'aime.
Il me faut agir sans tarder,
En ce moment, que dois-je faire?
Qui, dans mon cœur, pourra céder?
Chere Pauline, tendre pere,
  Que decider?

Sans hesiter, puis-je, mon père,
Oublier mon ardent amour?
Ah! pour ma Pauline en ce jour,
N'est-il donc plus de sort prospere!
Helas! il me faut accepter,
En ce moyen-là seul j'espere;
Amour, tu ne peux l'emporter,
On doit toujours sauver son pere,
  Sans hesiter.

(*Il entre dans le bosquet, s'assied et paraît accablé de tristesse.*)

SCÈNE IX.

LA VALEUR, VIEILLE-LAME.

VIEILLE-LAME.

Allons, c'est décidé, j'irai en prison.. personne ne peut m'avancer la somme dont j'ai si grand besoin. (*Apercevant La Valeur.*) Mais que vois-je ? La Valeur ! ah ! cachons-lui mes peines... cela empoisonnerait son bonheur. (*Prenant un air gai, mais avec contrainte.*) La Valeur !

LA VALEUR.

Mon père ! (*Il se jette dans ses bras.*)

VIEILLE-LAME.

Embrasse-moi, mon cher fils.. ce bon La Valeur ! depuis trois mois que je ne l'ai vu. Dis-moi... as-tu parlé à Pauline ? mais qu'as-tu donc ?

LA VALEUR.

Mon père, cessez d'affecter cette gaîté qui n'est pas dans votre cœur; cessez de me cacher le malheur qui vous accable, je sais tout.

VIEILLE-LANT.

L'huissier t'aurait dit...

LA VALEUR.

Je lui en sais gré, mon pere...

Air : *Muse des bois.*

D'être indiscret combien je lui rends grâce !
Dans vos douleurs, je serai de moitié.
Notre chagrin presque toujours s'efface
Par le secours de la vive amitié.
De votre sort si l'arret est severe,
Ne dois-je pas partager vos malheurs ?
Pour adoucir les peines d'un bon pere,
Qu'un tendre fils essuie au moins ses pleurs.

VIEILLE-LAME.

Tu n'aurais su que trop tôt la vérité; il fallait finir par te la dire.. puisque personne ne peut venir à mon secours.

LA VALEUR.

Personne ?

VIEILLE-LAME.

Mon Dieu, non... mais rassure-toi.. tu n'as rien a craindre, on ne peut rien te demander, et voila ce qui me console... c'est dommage, un jour si cher a notre cœur ! le jour de la fête de notre bon roi ! mais tu seras libre, tu épouseras ta maîtresse, et l'idee de te savoir heureux me fera supporter mon malheur.

LA VALEUR.

Combien vous me connaissez peu ! je serais libre quand vous seriez dans les fers!

heureux, quand vous seriez malheureux..
pouvez-vous le penser !

VIEILLE-DAME.

Voila bien le cœur d'un vrai soldat !

Air. *Je n'ai pas vu ces bosquets de lauriers.*

Aucun peril n'enchainerait ses pas ,
Quand a sonné l'heure de la bataille;
Il court braver, au milieu des combats,
Le feu trompeur d'une afreuse mitraille.
   Pour un pere, pour des amis,
   A son noble cœur il faut croire;
Car le heros est encore un bon fils,
Il sauvera meme ses ennemis,
Pour que rien ne manque a sa gloire.

LA VALEUR.

Dites-moi, mon père, avez-vous été chez M. de Saint-Ange ?

VIEILLE-DAME.

Oui, mon fils.. il était absent.. mais ma

demande auprès de lui eût été inutile, M. de Saint-Ange est peu fortuné.

LA VALEUR.

N'importe... veuillez y retourner.. il est considéré dans le village et peut-être engagera-t-il votre créancier à vous donner du temps.

VIEILLE-LAME.

Allons, mon fils, j'y vais; mais j'ai bien peu d'espoir. (*Il sort.*)

SCÈNE X.

LA VALEUR, *seul.*

Enfin je respire... je tremblais que ce miserable huissier n'arrivât pendant que mon père était là... nous n'eussions pu... mais maintenant nous serons seuls, et.. ah! le voici.

SCÈNE XI.

M. PIF, LA VALEUR.

M. PIF, *a part*.

Diable, il a l'air agité... tant mieux. (*Haut.*) Eh bien! monsieur La Valeur, avez-vous fait vos réflexions?

LA VALEUR.

Monsieur.. il n'y a donc pas d'autre moyen?

M. PIF.

Il faut me céder Pauline.

LA VALEUR.

Mais songez donc...

M. PIF.

J'ai songé a tout.. d'ailleurs.. je suis pressé de me marier.. c'est bien naturel.

LA VALEUR.

Monsieur vous avez eu un pere !

M. PIF.

Probablement , monsieur... apprenez que les Pif ont toujours eu des peres.

LA VALEUR.

Eh bien! monsieur.. mettez-vous a ma place.

M. PIF.

Vous voulez que je reste veuf?.. soit... je suis bien votre serviteur, de tout mon cœur. (*Fausse sortie.*)

LA VALEUR.

De grâce, un instant.

M. PIF.

Vous balancez toujours.

LA VALEUR.

Dans une pareille situation !

M. PIF.

Je suis las de tant d'incertitudes, et je vais sur-le-champ... (*Même jeu.*)

LA VALEUR.

Monsieur, monsieur.

M. PIF.

Je ne reviens plus.

LA VALEUR.

Eh bien!.. je vous promets, je m'engage a renoncer a Pauline.

M. PIF.

Fort bien.. mais ce n'est pas tout... vous allez venir la trouver, et vous voudrez bien lui dire que vous ne l'aimez plus et que vous consentez a mon bonheur.

LA VALEUR.

Monsieur, n'exigez pas cela de moi.. je suis assez a plaindre.

Air *de Turenne.*

Un tel effort n'est pas en ma puissance,
Et n'est-ce pas assez de l'oublier?
Deja j'ai fait trop, je le pense,
Car vous allez vous marier.

M. PIF.

De mon bonheur je suis certain d'avance ;
Mais de peur d'accident facheux,
Pour plaire a l'objet de mes feux,
J'ai besoin de votre eloquence.

LA VALEUR

J'écrirai, vous porterez la lettre.

M. PIF.

Oh! non, non... ce ne serait plus la même chose; mais justement, voici Pauline, elle ne pouvait venir plus a propos.

SCÈNE XII.

Les Mêmes, PAULINE.

PAULINE.

Ah! c'est vous, monsieur La Valeur.. en vérité, j'éprouve une joie à vous revoir! Mais qu'avez-vous donc? d'ou vient cet air triste? vous serait-il arrivé quelque malheur?

LA VALEUR

Pauline... j'ai une grâce a vous demander.

PAULINE.

Que voulez-vous dire?

LA VALEUR.

Une grâce qui me sera bien chère.. c'est d'oublier le malheureux La Valeur...

et d'épouser monsieur. (*Il désigne M. Pif.*)

PAULINE.

Qu'entends-je!

Air : *Dormez donc, mes chères amours.*

Pouvez-vous ainsi me parler!
Achevez de me reveler...

LA VALEUR.

Je ne puis rien vous devoiler.

PAULINE.

J'avais tant de plaisir d'avance,
Et desormais plus d'esperance.

Ensemble.

PAULINE.

Pouvez-vous ainsi me parler!
Ce secret, pourquoi le celer?
Ne pouvez vous rien devoiler!
    L honneur!   (bis.)
Vous dit-il de me desoler!

LA VALEUR.

Il me faut ainsi vous parler ;
Mon secret, je dois le celer ;
Je ne puis rien vous devoiler.
   L'honneur !   (bis.)
M'ordonne de ne pas parler.
     (*Il sort désolé.*)

SCÈNE XIII.

M. PIF, PAULINE.

PAULINE.

L'ai-je bien entendu ! n'est-ce pas une illusion ?

M. PIF.

Oh ! mon Dieu !.... voici ce que c'est, mon enfant. La Valeur aura fait quelque autre connaissance à Paris... c'est toujours comme ça que finissent les grandes passions... mais maintenant, adorable Pauline, serais-je assez heureux pour...?

SCÈNE XIV.

Les Mêmes, UN PAYSAN.

LE PAYSAN.

Monsieur l'huissier, on vous demande a votre etude.

M. PIF,

Me voici. (*a Pauline.*) Serais-je assez heureux pour...?

SCÈNE XV.

Les Mêmes, UN AUTRE PAYSAN.

LE PAYSAN.

Monsieur le sonneur, un baptême!

M. PIF.

Me voilà... (*A Pauline.*) Serais-je assez heureux pour...?

SCÈNE XVI.

Les Mêmes, UN ENFANT.

l'enfant.

Not' maître, voulez-vous donner congé pour la Saint-Louis.

m. pif.

Allez vous promener! (*A Pauline.*) Serais-je assez...?

paysans, *dans la coulisse.*

Au comptoir, monsieur le marchand de vin, au comptoir.

m. pif.

Me voici, me voilà.. ah ! qu'il est péni-

ble de cumuler au village! adieu, chere
Pauline, bijou de mon cœur... je reviens
à l'instant. (*Bas.*) Allons porter la quittance à La Valeur.

(*Il sort.*)

SCÈNE XVII.

PAULINE, *assise sous le berceau.*

Air *de Belisaire.*

De lui que me faut-il penser?
Dans un tel moment que resoudre?
De ce qu'il vient de m'annoncer,
Ah! mon cœur est pret a l'absoudre.
Mais pourquoi donc me fuir, hélas!
Et prescrire un tel mariage?
Je dois croire, à son embarras,
Que mon amant n'est qu'un volage.

Naguere, il jurait de m'aimer,
Je me fiais a sa promesse,

De courage il faut bien m'armer,
Il faut bannir cette tristesse,
Mais je dois l'avouer, helas!
En m'ordonnant ce mariage,
Je vois trop, a son embarras,
Que mon amant n'est qu'un volage.

On entend l'air suivant.

On vient... retirons-nous.

(*Elle sort.*)

SCÈNE XVIII

SOLDATS.

CHŒUR.

Air : *Dans l'Olympe je m'installe.*

La joie ici nous attire;
Celebrons, le verre en main,
D'un beau jour l'heureux delire,
Et buvons jusqu'à demain

UN SOLDAT.

Qu'avons-nous besoin de la danse !
Elle ne sert pas nos amours;
Dieu du vin, c'est de ta puissance
Que nous attendons du secours.

Reprise du chœur.

La joie, etc.

LE SOLDAT.

Vive la joie !

UN AUTRE SOLDAT.

Parbleu.. c'est bien comme ça aussi que nous l'entendons, que nous manque-t-il pour être heureux? nous sommes bien payes, nous avons de bonnes garnisons, et nous servons le meilleur des rois.

Air de Julie.

Il ramena par sa présence
Le bonheur parmi les Français;

On voit fleurir, au sein de l'abondance,
    Tous les beaux arts fruits de la paix.
  D'un Bourbon l'heureuse naissance
A couronne pour nous tous ses bienfaits,
Ce jeune enfant vivra pour les Français,
  Et nous mourrons pour sa defense.

SCÈNE XIX.

Les Mêmes, LA VALEUR.

LE SOLDAT.

Eh bien ! La Valeur, qu'as-tu donc ?. et cette bonne gaîté, qu'en as-tu fait ?

LA VALEUR.

Mes amis, mes chers amis... je vais vous ouvrir mon cœur : j'aimais, j'adorais Pauline.. j'allais l'épouser, et je me vois forcé de renoncer a elle ; mon pere doit cent écus à l'huissier... il allait être conduit en prison... l'huissier est mon rival, et pour sauver l'auteur de mes jours, j'ai renoncé à la main de ma Pauline... Voici mon père.. de grâce.. daignez garder mon secret, il refuserait ce que je fais pour lui.

SCÈNE XX.

Les Mêmes, VIEILLE-LAME, Paysans *chargés de comestibles.*

CHŒUR DE PAYSANS.

Air . *Alerte.*

A table !   (bis.)
Que j'aime ce joyeux refrain !
Au diable   (bis.)
S'en va la faim.

(*Tous s'asseyent, excepté Vieille-Lame, et se mettent à dîner.*)

VIEILLE-LAME.

Mon fils... je l'avais bien prévu ! M. Saint-Ange ne peut...

LA VALEUR.

Rassurez-vous, mon pere, vous ne devez plus rien... je suis convenu de quelques arrangemements avec votre créancier.

VIEILLE-LAME.

D'ou vient alors cette tristesse que tu veux en vain me cacher ?

LA VALEUR, *essuyant des pleurs.*

Je ne suis pas triste.

VIEILLE-LAME.

Tu n'es pas triste, et tu pleures !

LA VALEUR.

Mon pere... je suis trop heureux.

LE SOLDAT, *à ses camarades.*

Mes amis, j'ai le cœur déchiré; notre brave camarade, notre meilleur ami, l'exemple du régiment, le bon La Valeur va perdre sa maîtresse pour sauver son pere.. et nous le souffririons !

VIEILLE-LAME.

Qu'entends-je ?

LE SOLDAT.

L'argent de ce repas, quel usage en ferons-nous ?

TOUS.

Pour lui !..

VIEILLE-LAME.

Mes amis.. je ne puis accepter.

LE SOLDAT.

En avant le bonnet de police!

VIEILLE-LAME.

Mais...

LE SOLDAT.

Allons donc... pas tant de façons, père Vieille-Lame, vous avez servi sous les drapeaux français... tous les soldats ne sont-ils pas frères ?

Air. *Ça fait toujours plaisir.*

Reconnaissez l'empire
Qu'exercent les vertus;
Nous venions boire et rire,
Nous n'en rirons que plus.
Une action louable
Comble notre désir;
Obliger son semblable
N'est-ce pas un plaisir?
Ça fait, ça fait toujours plaisir.

(*Prenant l'argent que ses camarades ont mis dans son bonnet, et comptant.*) Voyons... cent, cent cinquante, deux cents.... cent écus... La Valeur, ton pere est sauvé ! (*Il donne l'argent à Vieille-Lame.*)

VIEILLE-LAME.

Mes amis, reconnaissance jusqu'a la mort.

LE SOLDAT.

Chut... chut, papa... ne parlons pas de ça... Maintenant, camarades, allons danser... nous ne dinerons pas aujourd'hui.. parce que... le gousset, vous m'entendez bien... mais, ma foi, nous aurons celébré la fête du roi d'une maniere digne de lui.

(*Ils vont pour sortir, un des paysans se lève de table et court les arrêter ; les autres les entourent.*)

LE PAYSAN.

Restez, camarades, restez ; nous serons

serrés à table... mais il y aura place pour tout le monde. Des amis aussi généreux que vous ne peuvent pas vouloir troubler nos familles.

(*Les paysans et les soldats se donnent la main. Vieille-Lame va frapper à la porte de Pauline.*)

SCÈNE XXI

Les Mêmes, PAULINE.

VIEILLE-LAME.

Ma chère Pauline... apprenez que La Valeur sacrifiait sa maîtresse à son père.

PAULINE.

Il serait vrai!... ah! que je suis heureuse!..

LA VALEUR

Ma Pauline!

SCÈNE XXII.

Les Mêmes, M. PIF.

M. PIF, *à La Valeur.*

J'apporte votre quittance.

VIEILLE-LAME, *le payant.*

Voilà votre somme.

M. PIF, *etonné.*

Ah!... au fait... vous aviez le choix... mais je n'y perds pas... je chercherai une femme qui m'aimera... qui me sera fidele.

LA VALEUR.

Je vous la souhaite.

M. PIF

Certainement, monsieur le plaisant... une femme qui me sera fidele... et beaucoup... vous êtes fier, parce qu'on vous préfère a moi... mais apprenez que j'ai fait la cour à votre Pauline, uniquement a cause du voisinage... cela m'était commode pour m'en faire adorer sans perdre de temps, quand on est sonneur, huissier, négociant...

LA VALEUR.

Et sot... on ferait bien de rester chez soi.. ou d'y retourner.

M. PIF.

C'est bon, monsieur le soldat, on y va, mais écoutez un bon conseil : ne vous grisez pas... car si cela arrive, puisque nous ne trinquons pas ensemble, je prierai notre maire de vous faire mettre la-haut aux arrêts, dans le clocher de la vieille église.

(*Il sort bafoué.*)

SCÈNE XXIII ET DERNIERE

Les Mêmes, excepté M. PIF.

VIEILLE-LAME.

Bah ! la Saint-Louis est un jour d'indulgence.

LA VALEUR.

Et le roi doit pardonner a tous ceux qui se grisent a sa santé.

PAULINE, *au public*.

Air *de la Petite sœur*.

A la gaite dans ce pays,
En ce moment chacun s'apprete,
Puissent certains bruits ennemis
Ne pas venir troubler la fete.

Puisse la salle retentir
D'une indulgence tutélaire;
Ce n'est pas un jour de plaisir,
Que l'on peut se montrer sévere.

(*Reprise du chœur, a table.*)

A table etc. Caractère des couplets.

FIN.

CROISÉE A LOUER,

ou

UN JOUR A REIMS.

Tableau mêlé de vaudevilles,

Représenté sur les théâtres de la banlieue,
en juin 1825.

PERSONNAGES

Mme DUPONT, rentière

CAROLINE, sa fille.

DUCROQUET, marchand de pain d'épices.

CHARLES, son fils, sous-lieutenant, amant de Caroline.

CASIMIR, fils d'un marchand de draps de Sedan.

MILORD PLUMPUDDING.

JACKSON, son jockey.

COCO, marchand de coco.

BOURGEOIS, BOURGEOISES.

La scène est à Reims.

CROISÉE A LOUER.

Le théâtre représente une place; à droite, un mur derrière lequel le cortege doit passer, a gauche, la maison de Mme Dupont. Au balcon de celle de Ducroquet, à droite, est un écriteau sur lequel on lit *Croisée a louer*.

SCÈNE PREMIÈRE.

DUCROQUET, CHARLES, *costume bourgeois*, CAROLINE.

Au lever du rideau, Caroline attache a un drapeau des fleurs de lys; près d'elle Charles dispose des couronnes de fleurs;

au fond, hommes, femmes, enfants s'occupent à tresser des guirlandes.

CHŒUR GÉNÉRAL.

A<small>IR</small> *des trois Cousines.*

Ayons tous le cœur à l'ouvrage,
Qui pourrait n'en pas convenir ?
Pour un roi, de Henri l'image,
C'est la fatigue du plaisir.

CHARLES.

Chacun de nous l'âme empressée,
Pour fêter nos princes cheris,
Doit unir avec la pensée
L'olivier, le myrthe et les lys.

CHŒUR

Ayons tous le cœur à l'ouvrage, etc.

C<small>AROLINE</small>, *désignant le drapeau.*

A notre mémoire fidèle
Quel étendard plus glorieux !

CHARLES.

C'est toujours lui qui nous rappelle
Le retour des Bourbons chez eux.

CHOEUR.

Ayons tous le cœur à l'ouvrage, etc.

DUCROQUET.

Six heures... quel zèle, quelle activité !..
grands et petits, vieillards, femmes, enfants... tout Reims est déjà sur pied... ce n'est pas étonnant !... le sacre du roi de France !

CAROLINE.

Il y a plus de quinze jours que ma mere n'en dort pas.

DUCROQUET

Il y a plus d'un mois que j'en rêve..
quel bonheur pour notre antique cité.

Air *de Marianne*

L'aspect de notre heureuse ville
Présente un tableau singulier...
Chaque étranger, dans cet asile,
Trouve un accueil hospitalier.
  Le Hollandais,
  Près de l'Anglais,
  L'Italien,
 A côte du Prussien,
  Russe, Allemand,
  Suisse, Ottoman,
Pour se parler n'ont pas de truchement,
 Ici tout l'univers abonde,
 Et dans le même pavillon,
 Nous offrons un échantillon
 Des quatre coins du monde

CHARLES

En effet, depuis quelque temps, Reims est une seconde Tour de Babel.

DUCROQULT.

Ou heureusement le commerce a joliment fleuri... moi, pour ma part, je puis dire que ma boutique de pain d'épice n'a pas désempli.

CAROLINE.

Cela se conçoit, le nom de Ducroquet est presque européen.

DUCROQUET.

Air . *A l'âge heureux de quatorze ans.*

J'en conviens, on vante partout
Ma croustillante marchandise,
Je fabrique pour chaque goût,
Et j'excite a la friandise.
Vendre quelquefois aux mamans
Est bien un plaisir qui me touche,
Mais j'aime encor mieux les enfants
Qui n'ont que mon nom à la bouche.

CAROLINE.

C'est juste.

DUCROQUET

Qui vit sans pain d'épice est indigne de vivre. Mais je cause la et vous empêche de travailler... peut-être même de vous faire les yeux doux.. Allons, mademoiselle Caroline, ne rougissez pas, et convenez que mon fils Charles ne vous est pas indifférent.

CAROLINE.

Monsieur..

DUCROQUET.

Je suis bon pere et ne desire que votre union, je sais bien que votre mère, madame Dupont, ma tres honorée voisine, y met un peu obstacle; mais espérons tout du temps. Ah! ça, je vous laisse et vais voir les préparatifs des autres quartiers, toi, Charles, n'oublie pas qu'il nous reste encore une croisee a louer

CHARLES.

Nous ne manquerons pas de curieux.

DUCROQUET.

Je l'espere bien.

Air *du ballet des Inseparables.*

A tantôt, (bis.)
Pour voir le cortége ;
A tantôt, (bis)
Je reviens bientôt,
En ces instants,
Si l'amour vous protege,
Mes chers enfants,
Sachez être prudents.
A tantôt, etc.

(*Il sort.*)

SCÈNE II.

CHARLES, CAROLINE Bourgeois, Bourgeoises.

CAROLINE.

Quelle joie pour tous!

CHARLES.

Chère Caroline, la mienne serait parfaite si j'avais l'espoir d'obtenir votre main.

CAROLINE.

Monsieur Charles, ne vous désolez pas... rien n'est encore fait ni signé avec M. Casimir.

CHARLES.

Quoi ! ce fils d'un marchand de drap, de Sedan l'emporterait sur moi, un sous-lieutenant ! oh ! jamais ; si votre mère le protége, l'amour nous seconde.

Air *Au son du fifre et du tambour.*

D'un hymen fait pour me déplaire,
J'empêcherai tous les apprêts ;
Et sur un tel rival j'espere
Bientôt remporter un succès ....
Oui, je veux en vrai militaire,

Chez lui provoquer son retour,
Au son du fifre et du tambour.

Laissez-moi faire, je l'attends

CAROLINE.

Surtout, moderez-vous... mais ma mere ne peut tarder... bien, ma tâche est remplie

UN BOURGEOIS.

La notre aussi.

REPRISE DU CHŒUR

Nous avons fin notre ouvrage, etc.

(*Ils sortent.*)

SCÈNE III.

Madame DUPONT, CHARLES, CAROLINE.

MADAME DUPONT.

Eh bien ! Caroline, ton drapeau est-il fait ?

CAROLINE.

Regarde, maman...

MADAME DUPONT.

Charmant ! ces fleurs de lys font un effet délicieux ; tu as vraiment un goût....

CAROLINE.

Que je dois un peu a M. Charles.

MADAME DUPONT, *fâchée*.

A vous, monsieur !..

CHARLES.

Oui, madame.

MADAME DUPONT.

J'espère bien que nous n'aurons rien a envier a nos voisins pour nos préparatifs... c'est que dans une occasion comme celle-ci !.. Eh bien ! tu dois te le rappeler, ma fille, j'avais toujours dit que notre bon roi serait sacré a Reims.

AIR *du Premier prix.*

La femme de notre notaire
Me soutenait que j'avais tort,
La cousine de notre maire
Comme elle me parlait encor.
De leur discours par trop vulgaire
Le depit doit être parfait
Ah ! le roi ne se doute guère
De tout le plaisir qu'il me fait.

CAROLINE.

Je le partage bien.

MADAME DUPONT

Ma fille, malgré tout le contentement que j'éprouve aujourd'hui, je dois pourtant t'adresser des reproches.

CAROLINE.

Des reproches, a moi !

MADAME DUPONT.

Oui ! .. à toi . de ma fenêtre ne t'ai-je pas vue parler avec le fils de M Ducroquet !

CHARLES.

Madame... vous connaissez la pureté de mes intentions

MADAME DUPONT.

Monsieur.. je ne sais qu'une chose, c'est que je suis en proces avec monsieur votre pere... ainsi ..

CHARLES

Mais, madame Dupont...

CAROLINE.

Mais, ma mère...

MADAME DUPONT

De grâce... ne me mettez pas en colère, ne troublez pas l'enthousiasme d'une bonne Française.

CHARLES, *à part.*

Elle a raison... faisons comme elle dit... d'ailleurs, rien n'est désespéré. (*Haut.*) Madame, ma présence semble vous déplaire.... Je me retire pour ne pas exciter votre courroux.

MADAME DUPONT.

C'est très bien, monsieur... et vous mademoiselle, rentrez.

CAROLINE

Oui, ma mere. (*Bas.*) Sans adieu.

(*Ils se font des signes, et rentrent.*)

SCÈNE IV

Madame DUPONT.

Non, ce mariage n'est pas faisable ; M. Ducroquet me dispute les limites de ma propriété, il n'a peut-être pas tort ; n'importe, je suis femme, il cédera ; en attendant, si je remets les pieds chez lui, je veux bien que Caroline épouse son Charles ; il n'en sera rien, M. Casimir est le seul gendre qui me convienne, surtout d'apres ce que m'écrit son pere.

Air. *Comme il m'aimait.*

C'est un mari,   (bis)
Comme a présent on n'en voit guere ;

C'est un mari.
Dans les vrais principes nourri,
Il est soumis, jamais colere,
On le conduit a la lisiere..
Le bon mari!

C'est décide, il sera l'epoux de ma fille.

SCÈNE V

CASIMIR; Madame DUPONT

CASIMIR

Air : *Vif et leger*.

A la gaîte toujours fidele,
Je puis dire de bonne foi,
Que franc luron je fais pour elle,
Tout autant qu'elle fait pour moi

Aux soucis je fais la grimace,
Bien plus qu'au champagne, au bordeaux,

Et pour ne pas le voir en face,
Au chagrin je tourne le dos.

A la gaîté, etc.

MADAME DUPONT.

Eh! vraiment! je ne me trompe pas.. c'est lui; mon futur gendre... il n'est pas changé!... monsieur Casimir!

CASIMIR.

Tiens, est-ce que c'est a madame Dupont que j'ai l'honneur de parler directement?

MADAME DUPONT

Comme vous dites.

CASIMIR.

C'est drôle... il faut avouer que j'ai un fier bonheur dans Reims en descendant de voiture, je m'etale tout mon long... c'est d'un heureux augure .. et puis je vous rencontre, madame Dupont, et vous me reconnaissez tout de suite... drôle... très drôle...

MADAME DUPONT, *a part*.

Quel ton ! quel langage !

CASIMIR.

Avant tout, maman belle-mere, felicitons-nous du grand jour qui nous réunit ; jamais, au grand jamais, je n'en ai vu un comme ça, parole d'honneur.

MADAME DUPONT, *a part*.

Voila qui me raccommode un peu avec lui... il paraît avoir la meme opinion que moi.

CASIMIR.

A présent, je me permettrai de glisser un mot sur le present et l avenir.

MADAME DUPONT.

Que voulez-vous dire ?

CASIMIR.

Franchement, la, plaisanterie a'part, mademoiselle votre fille est-elle dans de bonnes dispositions a mon égard?

MADAME DUPONT.

Je vous reponds qu'elle fera tout ce que je desirerai.

CASIMIR.

Et fera-t-elle aussi tout ce que je voudrai.

MADAME DUPONT.

Je n'ai qu'un mot a dire.

CASIMIR.

Oh! vous en direz bien deux.

MADAME DUPONT

Il me semble que...

CASIMIR.

Oh! comme vous voudrez... c'est que... voyez-vous, votre gendre est connu, chéri, adoré des deux sexes ; et d'ailleurs, un marchand de draps... pas piqué des vers.

Air de l'Etude.

Ma réputation est faite
Pour s'habiller, en tous les cas,
Chez moi quand on fait une emplette,
On se trouve dans de beaux draps.
Ne bornant pas mon industrie
A vendre cher, comme un marchand,
Chacun connaît, je le parie,
Le vrai casimir de Sedan.

MADAME DUPONT.

Je dois le croire, d'après le portrait avantageux que monsieur votre père m'a fait de vous

CASIMIR.

Voyez-vous ça !.. oh ! comme c'est délicat de la part a papa... je lui rendrai la pareille a la prochaine occasion.

MADAME DUPONT.

Voici Caroline

CASIMIR.

Mon aimable prétendue.

SCÈNE VI.

Les Mêmes, CAROLINE.

MADAME DUPONT.

Approche, Caroline, je te présente M. Casimir.

CAROLINE.

Déjà !

CASIMIR.

Déjà !.. mot charmant, mademoiselle, et

désolé, désespéré, petrifié même de n'être pas venu plus tôt. Ah! ça, parlons peu et parlons bien ; mademoiselle Caroline Dupont, vous me plaisez... je vous plais, vous avez mille qualités, je n'ai pas un seul défaut, je vous épouse, nous nous marions, je fais votre bonheur, vous faites le mien, et notre felicité commune devient facilement le cancan charmant de tout le departement.

Air *de l'Artiste*.

J'entends les jeunes filles
Envier votre sort...
A combien de familles
Mon hymen fera tort!
Trop jaloux de vous plaire,
Je veux qu'en chaque endroit,
Auprès de vous, ma chere,
Chacun me montre au doigt.

MADAME DUPONT.

Ah ! monsieur Casimir, quel doux espoir !

CASIMIR.

Me voila parfaitement paisible sur un article, maintenant a un autre. Le plaisir de vous voir, ainsi que ma future, entre pour moitié dans mon voyage à Reims... mais l'autre moitié... devinez pour qui, ou pour quoi ? vous riez ?... eh bien ! oui... c'est cela... c'est pour voir le cortége et les traits de notre auguste souverain.

Air de Renaud de Montauban

Je suis bien sûr en ce moment,
Que vous m'approuvez, belle-mere ;
Quel Français n'en dirait autant,
D'une circonstance aussi chere.
Charle, adoré de ses sujets,
Que partout l'ivresse environne,

Vient faire bénir sa couronne,
Qui rappelle tant de bienfaits.

Vous avez sans doute une place pour moi... un gendre, c'est de rigueur.

MADAME DUPONT

Monsieur, je vous avouerai que mes fenêtres ne me permettent pas malheureusement de jouir d'un pareil coup d'œil.

CASIMIR.

Je m'en serais douté... on dirait que vous avez acheté votre maison exprès pour me contrarier.

MADAME DUPONT.

J'en suis plus desolée que vous; mais je me suis précautionnée : ma fille et moi avons la promesse de deux places au balcon de madame de la Sablonnière.

CAROLINE, *bas.*

Si ma mère avait voulu, nous aurions été bien mieux a cette croisée. (*Elle desi-gne celle de Ducroquet.*)

CASIMIR, *qui l'a entendue, a part.*

Cette croisée !.. voila un mot qui ne tombe pas par terre... croisée à louer ! c'est cela.

MADAME DUPONT.

L'heure s'avance... Caroline, tu vas aller a ta toilette, tandis que moi je vais encore m'assurer si l'on tiendra ce que l'on nous a promis.

CAROLINE.

Oui, ma mère. (*Elle rentre.*)

MADAME DUPONT.

Monsieur Casimir, donnez-moi votre bras.

CASIMIR.

Belle-mère, je le voudrais considérablement; mais j'ai une idée que je veux poursuivre à moi tout seul. . alors...

MADAME DUPONT.

A votre aise, monsieur, à votre aise.

Air *de la Trocadero.*

Dans peu,
Je reviens en ce lieu)
L'affaire
Ira fort bien, j'espere.
Chacun le sait parfaitement,
J'aime a terminer promptement.

CASIMIR.

Affaire qui va vite
A d'heureux resultats.

MADAME DUPONT, *a part.*

Je lui crois du merite.

CASIMIR, *a part.*

On ne me connait pas.

Reprise ensemble.

Dans peu,
Revenez, etc.

MADAME DUPONT

Dans peu, etc.

(*Elle sort.*)

SCÈNE VII.

CASIMIR.

Allons, je n'en démordrai pas.. c'est une bonne femme que ma belle-mere ; mais ne nous endormons pas sur la croisee en question... en voila une galanterie !.. fameuse !

(*Il frappe chez Ducroquet.*)

SCÈNE VIII

CASIMIR, CHARLES.

CHARLES.

Monsieur, que désirez-vous ?

CASIMIR.

Je viens de lire ici. Croisée a louer... Je suis votre homme... voila de l'argent... hein... quel bon son !

CHARLES.

Soyez le bien-venu, monsieur... (*A part.*) Justement, mon pere n'avait rien conclu pour la seule croisée qui lui reste... il sera content.

CASIMIR.

Pourquoi réflechir?.. autant moi qu'un autre.

CHARLES.

Il est vrai... mais peut-être que le prix...

CASIMIR.

Un cortége comme celui-là est impayable.. d'ailleurs, vous avez un air aimable qui me revient beaucoup.

CHARLES.

Monsieur...

CASIMIR.

Cela ne peut pas vous faire de peine, je vous dis que vous me plaisez.

CHARLES, *à part*.

Quel original!

CASIMIR.

Voyons... combien la croisée entière? cent francs, deux cents francs?

CHARLES.

Deux cents francs, justement.

CASIMIR.

Ce n'est que ça?... à la bonne heure... (*A part.*) Un mot de plus, j'en donnais trois cents.

CHARLES.

On sera bien là.

CASIMIR.

Oui... mes deux cents francs seront très-bien placés. Jeune homme, tendez la main, et comptez. (*Il lui donne de l'or.*) Enfin, je verrai donc le cortége à mon aise... et puis après, je...

CHARLES, *vivement.*

Vous visiterez sans doute notre ville, qui est la plus remarquable de la Champagne.

CASIMIR.

En quoi, s'il vous plaît?... Ah! si vous me parliez de ma ville... voila une belle ville, où je suis né !

CHARLES.

Sans la connaître, monsieur, je soutiens que Reims l'emporte sur elle.

AIR *des Blouses.*

Quel étranger oublirait de sa vie
Que parmi nous il a fait un séjour !
Et quel Remois de sa ville chérie
Ne serait fier, surtout dans ce grand jour ?
Pour bien des gens quelle cité parfaite !
Les curieux admirent sa beauté,
Et les savants, dont on vante la tête,
Sont fous, dit-on, de son antiquité
On dit du bien de notre promenade...
D'un château-fort les restes précieux,
L'hôtel-de-ville et sa belle façade
Des voyageurs charment aussi les yeux

De Louis Quinze on revoit la statue,
Nous sommes fiers de la porte de Mars.
Un monument frappe encor notre vue.
L'arc-de-triomphe au plus grand des Cesars.
Qui parlera de notre cathédrale,
Sans en citer l'admirable travail?
Quelle noblesse! est-il rien qui l'egale?
Qui n'est surpris vraiment de son portail?
Notre heureux sol, nos heureuses cultures
Des laboureurs couronnent les travaux,
L'activite de nos manufactures
Donne toujours quelques produits nouveaux,
Des francs buveurs notre pays est digne,
Et l'on croirait, à la bonte du vin,
Que dans ces lieux Noe planta la vigne,
Et qu'il voulut proteger le raisin.
Mais aujourd'hui, quels titres pour l'histoire!
Des rois français couronnes en ces lieux,
Un souverain, notre amour, notre gloire,
Vient recevoir le bandeau précieux!
Quel étranger, etc.

CASIMIR.

Ma foi... vous avez peut-être raison;

je regrette presque de n'être pas Rémois mais n'importe ; votre enthousiasme pour votre endroit me donne une excellente opinion de vous... et tenez, bref, voulez-vous être l'ami de Casimir?

CHARLES.

Casimir.... de Sedan ?

CASIMIR.

Précisément.

CHARLES, *a part.*

C'est mon rival.

SCÈNE IX.

Les Mêmes ; DUCROQUET, *amenant* Milord PLUMPUDDING, JACKSON.

DUCROQUET.

Air *des Cancans*

Quel trésor !   (bis.)
Enfin je tiens un milord ;

Je vois bien qu'ici-bas
Pour attendre on ne perd pas.
MILORD, *a Ducroquet.*
Je allais en vous suivant
Aussi vite que le vent;
Mais
Je ne connus jamais
Le danger
D'être leger.
DUCROQUET.

Quel tresor! etc.

(*Montrant la fenêtre.*) La fenêtre sera assez grande pour vous, milord.

MILORD.

Ici... le fenêtre... il était raisonnable... M. Ducroquet.

CASIMIR

Qu'est-ce que c'est que ça?... dites donc un peu, monsieur l'Anglais, de quelle fenêtre parlez-vous?

DUCROQUET, *la désignant.*

Eh! parbleu, de la mienne .. de celle-la.

CASIMIR.

C'est très-bien... mais il ne faut pas avoir un air de vous en emparer ; je l'ai louée, payee, ainsi elle m'appartient pour aujourd'hui, et je l'occuperai.

DUCROQUET.

Comment, Charles, tu as loué ?

CHARLES.

Oui, mon pere, voici l'argent.

(*Il le lui donne.*)

MILORD.

Bagatelle, mesquinerie... deux cents francs [1]... Moi être riche... moi offrir bien plus davantage... deux cent un francs.

CASIMIR.

Halte-là.... milord... ce n'est pas comme ça que ça se pratique chez nous.. l'affaire est conclue.

CHARLES, *a Casimir*.

Monsieur, je vous ferai observer que je n'avais pas consulté mon père. (*A part.*) Oh! s'il pouvait n'y avoir rien de fait!

DUCROQUET, *a Casimir*.

Permettez-moi de vous dire qu'ignorant ce qui se passait entre vous et Charles, j'ai pu m'arranger avec milord.

CASIMIR.

Il est d'une bonne pâte, le papa Ducroquet!

DUCROQUET, *désignant milord*.

Air *du petit Courrier*.

Je le rencontre par hasard,
Vers moi poliment il s'avance,

Je réponds par la reverence,
De ses projets il me fait part
Il desirait une croisee,
J'en avais une justement...

MILORD.

La prendre, pour moi chose aisee !
Je prends tout avec mon argent.

CASIMIR.

Qu'est-ce qu'il dit là, le malheureux !.. j'en ai aussi, de l'argent, moi... je vais bien les étonner. (*Haut.*) Vraiment la position de M. Ducroquet mérite des egards... tenez... j'annulle mon marché !

TOUS LES AUTRES.

Il se pourrait !

CASIMIR.

Milord a offert deux cents un francs... eh bien ! moi, j'en offre trois cents. (*A part.*) Est-il attrapé le goddem !

MILORD.

J'en offrais trois cent cinquante.

CASIMIR, *bas*.

Ah!... il y met de l'entêtement... (*Haut.*) Quatre cents !

MILORD.

Quatre cent cinquante !

CASIMIR.

Cinq cents!..

MILORD.

Oh !... oh !... moi réfléchir un petite minute.

CASIMIR.

Personne ne dit mot... c'est bien entendu, une fois, deux fois... adjuge. Monsieur Ducroquet, voici cent écus. (*Il les lui donne.*)

AIR . *Ces postillons.*

Milord ne peut s'étonner, je l'espère,
De ma grandeur et de ma bonne foi ;
Un jour de paix je vous ai fait la guerre,
Mais seulement par amour pour le roi.
D'un tel triomphe ici je me fais gloire;
   Ah ! je ne l'oublirai jamais.
Rien d'étonnant ; car c'est une victoire
   De plus sur les Anglais.

DUCROQUET, *qui a compté.*

Monsieur, c'est très-bien... Ma foi, j'aime autant que ce soit un Français.

CASIMIR.

Je crois bien... un Français de cinq cents francs.

MILORD.

Je n'étais pas satisfait. beaucoup fort.

DUCROQUET.

Pas de colère;... j'ai encore une place a

votre service... une bonne petite place...
(*A part.*) Mon œil-de-bœuf... (*Haut.*) Je
vous attends la... quand ça commencera.
Je vous laisse, car voici le moment de
pavoiser mes croisées.

MILORD.

Bon enfant, monsieur le Reims.

CHARLES, *à Casimir.*

Nous nous reverrons, monsieur.

CASIMIR, *bas.*

Tiens... cette bêtise ?.. moi je vais un
peu voir, a mon tour, ce qui se passe
par-là !

ENSEMBLE.

AIR . *Le voila.*

(Léonide)

DUCROQUET.

C'est charmant,   (*bis*)
J'ai loué ma fenêtre;

Je puis faire paraître
Ma joie en ce moment.

CASIMIR.

C'est charmant;
J'aurai donc ma fenêtre, etc.

MILORD.

Quel tourment !
Il aura mon fenêtre ;
Dois-je faire paraître
Un mecontentement ?

CHARLES.

Quel tourment !
Voir a notre fenêtre
Un pareil petit-maître !
Et que je hais autant.

(*Il rentre avec son père; Casimir va de son côte.*)

SCÈNE X.

MILORD, JACKSON.

MILORD.

Goddem ! je étais toute vexé !.. une fenêtre qui échappait de mes mains !.. quel zele, quelle ardeur chez les Français pour tout ce qui concerne le Reims ; ils ne connaissent pas d'obstacles, ces hommes-la !

Air. *Ça fait toujours plaisir.*

Pour leur roi qu'ils adorent,
Ils donneraient leur bien ;
Puis après ils s'honorent
De ne posseder rien.
Dans les champs du carnage,
Ils vont encor courir ;
Disant avec courage.
Pour notre roi mourir,
Ça fait toujours plaisir.

Ah! il ne manquait a mes vexations que lady Spencer, un petite femme charmante qui battait moi toutes les grandes solennités :

AIR *de Céline.*

Plus à mon milady je pense,
Moins je puis vraiment concevoir
Comment j'eus l'extrême demence
D'epouser un esprit si noir.
Bien souvent sa main etait prete
A me mettre en un pauvre etat...
Oui, pour moi tous les jours de fete,
Ils etaient des jours de sabbat.

(*Jackson rit.*)

Pourquoi rire, vous, petite sotte ?

JACKSON.

Milord, c'est que j'apercevais un petit homme qui louchait, avec une colonne de argent dans son dos.

SCÈNE XI.

Lis Mêmes, COCO.

COCO.

Air : *Et pourtant papa.*

En tous lieux j'ai pente,
Sans prendre d' repos;
Foi d' Coco, j'm'en vante,
J'suis toujours dispos;
Et sans m' tracasser
L'âm' gaie et contente,
Je suis, sans balancer,
Prêt à vous verser.

A la fraîche, qui veut boire? v'la l'coco

MILORD.

Monsieur le homme!

COCO.

Milord anglais.

MILORD.

Qu'est-ce que c'est là-dedans?

COCO.

Milord, c'est de la tisane

MILORD.

De la tisane de Champagne?

COCO.

Peu s'en faut... j'suis sur l'terroir. Voyez-vous, moi je n'donne que du bon, j'ai le numéro 22, regardez plutôt.

(*Il montre sa plaque.*)

MILORD.

Yes... je comprenais pas... donnez-moi une grand verre toute rasé.. moi échauffe, beaucoup fort.

COCO.

Ya, milord.. Excusez. (*Il rince un*

verre, arrose les jambes de Jackson, et verse à milord.)

MILORD, *buvant.*

Pouah!... votre tisane de Champagne ne être que de l'eau de la Tamise.

COCO.

C'est d' l'eau d'la Marne.

MILORD.

As-tu soif, Jackson?

JACKSON.

Non, milord.

MILORD, *lui donnant le verre.*

Goûte, goûte toujours.

JACKSON.

Yes, milord. (*Il boit et fait des grimaces.*)

MILORD, *payant*

Tenez, monsieur le Coco

COCO.

Deux sous... je vais vous rendre six liards.

MILORD.

Non pas... je étais généreux, moi... gardez tout... Viens, Jackson, que je te donne a présent à toi une petite lady... en pain d'épice.

(*Ils sortent.*)

SCÈNE XII.

COCO.

Gai, Coco ! ça commence déjà pas mal, et je ne suis pas fâché d'avoir quitte momentanément la façade d'la bonne Ambigu pour venir a Reims. . un jour comme aujourd'hui il y fait chaud... j' l'ai toujours dit : l' coco n' tomb'ra jamais en France.

Air : *C'est l'amour.*

C'est l' coco, l' coco, l' coco
    Dont le sage
    Fait usage;
Mais, sans être ami de l'eau,
Je dis : vive l' coco !
Qui desaltere, en promenade,
De grands, de petits ecoliers ?
Qui sert toujours de limonade
A nos economes rentiers ?
    Qui remplace la biere,
    Pour tous les artisans;
    Et que prodigue un pere
    A ses jeunes enfants ?
C'est l' coco, l' coco, etc.

Qui d'une chaleur ennemie
(Trente degres) a triomphe ?
Qui nous apprend l'economie
En nous eloignant du cafe ?

D'un' vendange imparfaite,
Quand l' vin est d'un prix fou,
Que boit, l'âm' satisfaite,
  C' monsieur qui n'a qu'un sou ?
C'est l' coco, etc.

(Il s'eloigne.)

SCÈNE XIII.

COCO, *dans le fond ;* CHARLES, *en uniforme ;* CAROLINE.

CHARLES.

Ah ! ma chere Caroline, vous avez vu M. Casimir ! comment votre mere l'a-t-elle reçu ?

CAROLINE.

Comme on reçoit un prétendu.

CHARLES.

Eh bien ! moi, j'ai fait plus ; j'ai eu la maladresse de lui louer notre croisée.

COCO.

V'la l' coco !

CAROLINE.

Vraiment, vous !

CHARLES.

Oui !.. mais je prétends me venger et réparer ma bévue en lui proposant de venir visiter nos remparts.

CAROLINE.

Ah, Charles !

Air *de l'Heritiere.*

Si Caroline vous est chere,
Il faut le prouver a present;
Il est un moyen de me plaire,
Sans hesiter servez-vous-en !
Que la prudence se signale
Dans vos actions en ce jour;
Ce n'est jamais par le scandale
Que l'on peut prouver son amour

CHARLES.

Rassurez-vous, ma chere Caroline ; j'agirai comme il le faut.. mais, j'aperçois M. Casimir.

COCO.

V' la l' coco !... (A *la cantonade.*) Oui, ma pratique, on y va.

(*Il sort en bousculant Casimir qui entre.*)

SCÈNE XIV.

CHARLES, CAROLINE, CASIMIR.

CASIMIR.

Mon Dieu ! quelle belle ville ! aujourd'hui surtout... on dirait que Reims est l'habitation des fées. Ah !.. a propos de fee, vous voila, mademoiselle Caroline... et vous aussi, mon intime !

CHARLES.

Son intime!

CASIMIR.

Vous êtes en uniforme. seriez-vous militaire?

CHARLES.

Oui, monsieur.

CASIMIR.

Avez-vous été en Espagne?

CHARLES.

Sans doute.

Air : *On dit que je suis sans malice.*

Sous le noble drapeau de France
Mon bras fit preuve de vaillance;
C'est là que j'appris mon métier.
Notre valeur est toujours grande,
Lorsque la victoire commande
Par la voix d'un Bourbon guerrier.

CASIMIR

Allons... vous êtes un brave.

CHARLES, *avec force.*

Tout prêt a vous en donner des preuves certaines.

CASIMIR.

Bah !.. un duel... pourquoi donc ça ?

CAROLINE, *emue.*

Charles, oubliez-vous votre promesse ?

CASIMIR.

Ah ! vous vous êtes promis quelque chose ?

CAROLINE.

Air. *Au sein d'une fleur tour à tour.*

Il est temps de vous l'avouer,
Charle a le secret de me plaire,
Je crains de vous voir échouer,
Malgré les projets d'une mere,

Sur l'espoir d'un prochain hymen
Il faut que je vous desabuse.
Ma mere vous promet ma main,
Oui ; mais mon cœur vous la refuse.

CASIMIR.

Ah! bien.. C'est-à-dire, si j'ai bien compris, que monsieur, que je croyais mon ami, adore ma prétendue... c'est dans l'ordre... Ah ça, à présent, dites-moi pourquoi je suis venu a Reims?

CHARLES.

Eh! monsieur, pour être témoin d'une auguste cérémonie.

CASIMIR, *vivement*.

Qui ne se terminera pas par un singulier combat entre nous. Épouser une aimable demoiselle, soit; mais se faire tuer pour elle... jamais... Quel deuil pour tout Sedan !

Air *des Comédiens.*

Mademoiselle, il faut être sa femme,
C'est Charles seul qui doit vous posseder ;
Lorsque partout la beauté me réclame,
J'aurais grand tort de ne pas vous ceder.

SCÈNE XV.

Les Mêmes, Madame DUPONT.

MADAME DUPONT.

Suite de l'air.

Qui l'aurait cru ! quoi ! ma meilleure amie
Trahit pour moi sa promesse en ce jour !
Il faut vraiment qu'un malheureux genie
Pour mon tourment ait provoqué ce tour.
Vit-on jamais une telle infortune !
Vit-on jamais un tel evenement !
Je donnerais un tiers de ma fortune
Pour obtenir une place à present.

CASIMIR

Madame Dupont, consolez-vous ; je vous

offre une croisée, que je vous destinais ainsi qu'a votre fille, lorsque j'étais heureux.

MADAME DUPONT.

Que voulez-vous dire ?

CASIMIR.

Oui, ma ci-devant belle-mère ; je ne suis plus votre gendre ; le voilà, ce beau militaire qui sera mon remplaçant.

MADAME DUPONT.

Le fils de M. Ducroquet n'entrera jamais dans ma famille.

CASIMIR.

En attendant, vous allez entrer dans sa maison pour occuper une de ses fenêtres.

MADAME DUPONT.

Quoi ! c'est chez lui !

CAROLINE

Oui, ma mère.

MADAME DUPONT.

En ce cas, plutôt ne rien voir que de consentir... (*coup de canon.*) Le canon !... serait-ce le signal du départ ?

SCÈNE XVI.

Les Mêmes, DUCROQUET, *à la fenêtre ;* Bourgeois Bourgeoises.

CHOEUR.

Air *des Rendez-vous.*

Le cortege s'avance ;
O moment enchanteur !
Le ciel a de la France
Assure le bonheur

DUCROQUET, *vivement.*

Mes amis, venez prendre vos places, vite... ça commence a défiler.

MADAME DUPONT.

Mon Dieu ! que faire ?.. où aller ?

CASIMIR.

A ma croisée.

CHARLES.

Air *de Turenne.*

Vous connaissez l'excès de ma tendresse ;
Cédez au cri de mon amour.

MADAME DUPONT, *bas.*

Que décider ? Le temps nous presse...
Quoi ! ne rien voir dans ce beau jour !

CAROLINE, *à part.*

Quelle inquiétude m'assiege !
Tous mes vœux sont contraires !

MADAME DUPONT, *avec élan.*

Enfants, vous serez mariés ;
Et moi je verrai le cortege.

(*Elle entre avec sa fille et Charles chez Ducroquet.*)

SCÈNE XVII.

Tout le monde aux croisées, CASIMIR, *puis*, MILORD.

CASIMIR.

Quel coup ! rester célibataire... louer une croisée cinq cents francs,.. et peut-être n'en pas jouir !

CHARLES, *a la fenêtre.*

Comme vous dites, monsieur Casimir, mais voilà votre argent. (*Il lui jette un billet de 500 francs.*)

CASIMIR, *le ramassant.*

Me voilà bien avancé... je ne me placerai pas dans mon billet!

MILORD, *accourant sans chapeau.*

Oh! oh!... le canon avoir résonné à mon oreille! je avais perdu mon chapeau en prenant mes jambes à mon cou... Quelle journée pour le course!

DUCROQUET.

Voici le moment, milord... venez vite; la porte a gauche.

(*Second coup de canon.*)

MILORD.

Montons vitement fort.

(*Il sort.*)

(*On entend une musique militaire;*

toutes les personnes aux croisées agitent leurs mouchoirs aux cris de vive le roi !

CASIMIR, *au public.*

AIR de Julie.

Pour moi, messieurs, il n'est pas de cortége,
　　Voilà de quoi me desoler !
Si comme un sot j'ai donné dans le piege,
Un autre soin vient encor m'accabler.
　　Nous n'avons pas fait un chef-d'œuvre...
　　Mais un jour de couronnement,
Vous daignerez, messieurs, en ce moment,
　　De nos auteurs couronner l'œuvre.

REPRISE DU CHŒUR.

Le cortège, etc.

(Casimir monte sur un tonneau qui s'enfonce; milord est à l'œil-de-bœuf; il fait

mille efforts pour voir; tous les autres aux croisées témoignent leur joie et l'on n'entend que le cri de vive le roi!

FIN.

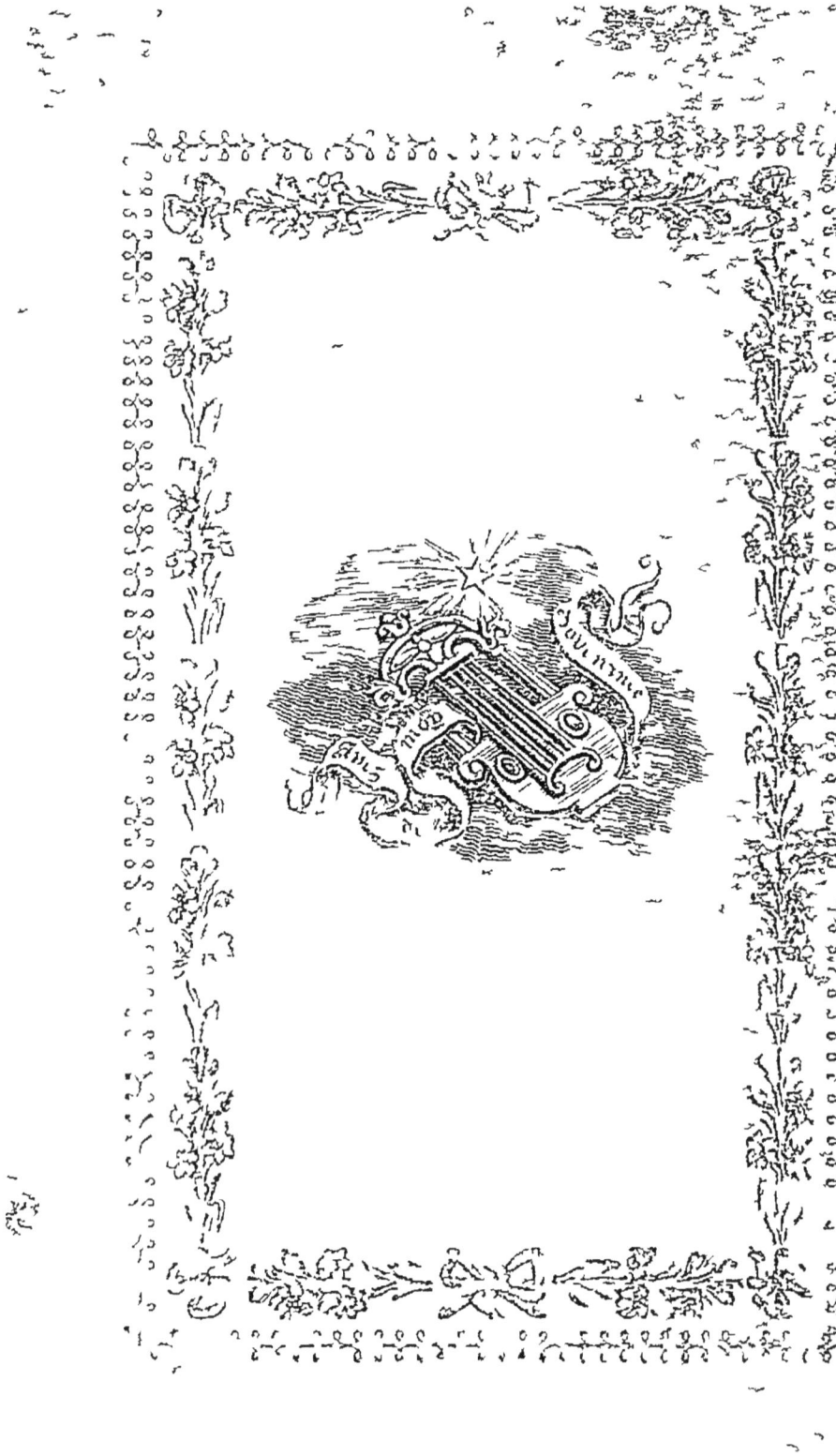

www.ingramcontent.com/pod-product-compliance
Lightning Source LLC
Chambersburg PA
CBHW060202100426
42744CB00007B/1128